D0908865

Kaká

José María Obregón

English translation: Megan Benson

PowerKiDS press.

Editorial Buenas Letras™
New York

Published in 2009 by The Rosen Publishing Group, Inc.
29 East 21st Street, New York, NY 10010

First Edition

Editor: Nicole Pristash
Book Design: Nelson Sa
Layout Design: Julio Gil

Photo Credits: Cover (left, right), p. 19 © AFP/Getty Images; pp. 5, 15 © Bongarts/Getty Images; pp. 7 (main left, main right), 9, 11, 13, 17 © Getty Images; p. 7 (background) Shutterstock.com; p. 21 Courtesy of WFP/Rein Skullerud.

Library of Congress Cataloging-in-Publication Data

Obregón, José María, 1963–
  Kaká / José María Obregón. — 1st ed.
      p. cm. — (World soccer stars = Estrellas del fútbol mundial)
  English and Spanish.
  Includes bibliographical references and index.
  ISBN 978-1-4358-2733-2 (library binding)
  1. Kaká, 1982– —Juvenile literature. 2. Soccer players—Brazil—Biography—Juvenile literature.
I. Title.
  GV942.7.K35O27 2009
  796.334092—dc22
  [B]
                              2008031792

Manufactured in the United States of America

Contents

Contenido

Ricardo Izecson dos Santos Leite is a Brazilian soccer player. He is better known as Kaká. Kaká was born on April 22, 1982, in Brasília, Brazil.

Ricardo Izecson dos Santos Leite es un futbolista brasileño conocido como Kaká. Kaká nació el 22 de abril de 1982, en la ciudad de Brasilia, Brasil.

Kaká started playing soccer when he was very young. When Kaká was eight, he became a member of the team São Paulo, in Brazil. Soon, Kaká became the star of the team.

Kaká comenzó a jugar al fútbol desde muy pequeño. A los 8 años de edad, se unió al equipo São Paulo, en Brasil. Muy pronto, Kaká se convirtió en la estrella del equipo.

In 2003, Kaká became a member of the team A.C. Milan, in Italy. Milan is one of the best teams in the world. Kaká has been very successful with Milan.

En 2003, Kaká se unió a uno de los mejores equipos del mundo, el A.C. Milán de Italia. Kaká ha tenido mucho éxito con el Milán.

Kaká handles the ball very well with both his feet and his head. He is also very fast and skillful. It is said that Kaká is the total footballer. This means that Kaká is great at many parts of soccer.

Kaká le pega muy bien al balón con las dos piernas y la cabeza. Además, es muy rápido y habilidoso. Se dice que Kaká es el futbolista total porque es muy bueno en diferentes maneras de jugar.

Kaká has scored a hat trick four times with Milan. A hat trick is when a player scores three **goals** in the same game. This is really hard to do!

Kaká ha **anotado** *hat tricks* en cuatro ocasiones con el Milán. Un *hat trick* es cuando un jugador anota 3 goles en el mismo partido. ¡Esto es muy difícil de hacer!

With Brazil's national team, Kaká won the **World Cup** in 2002 and the **Confederations Cup** in 2005. He also played with Brazil in the World Cup Germany 2006.

Con el equipo nacional de Brasil, Kaká ganó la **Copa del Mundo** en 2002 y la **Copa Confederaciones** en 2005. Kaká también jugó con Brasil en la Copa del Mundo Alemania 2006.

Kaká won the FIFA World Player of the Year **award** in 2007. That year, he also won the award for best scorer in the European Champions League.

Kaká ganó el **premio** FIFA al mejor jugador del mundo en 2007. Ese mismo año, ganó el premio al goleador de la Liga de Campeones de Europa.

16

Time named Kaká 1 of the 100 most important people of 2008. This is due to his work on and off the soccer field.

La revista Time nombró a Kaká como una de las 100 personalidades más importantes del año 2008. Esto se debe al gran trabajo que realiza dentro y fuera del campo de juego.

Since 2004, Kaká has been an ambassador for the United Nations World Food Programme. This means Kaká helps make the lives of children around the world better.

Desde 2004, Kaká ha sido embajador del Programa Mundial de Alimentos de las Naciones Unidas. De esta manera, Kaká trabaja para mejorar la vida de los niños alrededor del mundo.

Glossary / Glosario

award (uh-**word**) A special honor given to someone.

Confederations Cup (kun-feh-duh-**ray**-shunz **kup**) A group of
  games in which teams from around the world play each other.

goals (**gohlz**) When people put the ball in the net to
  score points.

World Cup (**wur**-uld **kup**) A group of games that takes place
  every four years with teams from around the world.

---

anotar Conseguir uno o varios goles.

Copa Confederaciones (la) Competición de fútbol en la que
  juegan los equipos campeones de cada continente.

Copa del Mundo (la) Competición de fútbol, cada 4 años, en
  la que juegan los mejores equipos del mundo.

premio (el) Reconocimiento que se le hace a una persona.

Resources / Recursos

Books in English/Libros en inglés

Shea, Therese. *Soccer Stars*. Danbury, CT: Children's Press, 2007.

Bilingual Books/Libros bilingües

Obregón, José María. *David Beckham*. New York: Rosen Publishing/Buenas Letras, 2008.

Web Sites

Due to the changing nature of Internet links, The Rosen Publishing Group has developed an online list of Web sites related to the subject of this book. This site is updated regularly. Please use this link to access the list:

www.buenasletraslinks.com/ss/kaka/

Index

Índice